PAWEŁ JAROSZEWSKI   LESZEK HORWATH

SALZBERGWERK WIELICZKA

Photos: Paweł Jaroszewski
Text: Leszek Horwath
Meritorische Konsultation: Janusz Wiewiórka
Realisation: Jean-Jacques Raymond
Redaktion: Janusz Lenczowski
         Andrzej Nowakowski
Übersetzung: Jacek Pleśniarowicz — Letterman
Translators & Interpreters

Die Herausgeber danken der Direktion und dem
Museum des Salzbergwerkes Wieliczka, für die
Bereitstellung der Museumstücke zum Fotogra-
fieren.

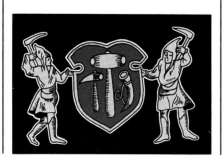

PAWEŁ JAROSZEWSKI   LESZEK HORWATH

SALZBERGWERK WIELICZKA

Weil wir gerade über besondere Orte der Erde reden, möchte ich der Welt die sarmatischen Salinen vorstellen. (...) Diejenige von beiden, die näher gelegen ist heißt Wieliczka und ist von Krakau etwa 8000 Schritte entfernt; die andere, genannt Bochnia, liegt höchstens 30 000 Schritte wiet. (...)

Das Gelände, auf dem Wieliczka gelegen ist, breitet sich im Norden flach aus, um sich im Süden und Osten immer höher zu erheben, als ob der Hang in einen Berg übergiknge; die Felder in der ganzen Umgebung, ähnlich denen von Bochnia, sind eher unfruchtbar. In den Städtchen, in der Nähe der Kirche, befindet sich ein Loch, das der Schacht genannt wird und in jenes Königreich des Dunkels führt. Der Schacht selbst, steil von allen Seiten, ist mit Eichenbalken, die eine beinahe viereckige Konstruktion bilden, ausgebaut und erreicht eine erhebliche Tiefe; von der Maschine hängt ein gewaltig langes Seil herab, mit dem die Salzblöcke, hier Klumpen genannt, die aus verschidenen Kammern zu dem Schachtloch herangewälzt werden, heraufzogen werden. Die Leute, die nach unten fahren, setzen sich in kleine, aus Bastschnur angefertifte Sättel, die im unteren Teil einem Geflecht ähneln und an jenes große Seil festgebunden sind, und greifen es mit Händen und Füßen, um, in der Luft schwebend, nicht zu schaukeln. (...) Nachdem wir in Wieliczka in den ersten Schacht einefahren waren, führte man uns durch verschiedenen und kompliziert verlaufende Umgehungen, wobei wir buchstäblich durch ein Labyrinth von Gängen marschierten, um schließlich zu den ungewöhnlich geräumigen Höhlen zu gelangen. Der Sarmate nennt sie die Kammern. Von deren Wänden wurden mit Keilhauen und Hämmern riesige Salzblöcke abgesprengt. Man kann es kaum glauben, aber erstrahlt dort dank der vornehmen Reinheit des Salzes. (...) In Wieliczka begegnet man des öfteren riesengroßen Tempeln mit emporragenden, gewaltigen Salzsäulen. Durch diese Säulen werden die höher gelegenen Salzflöze gestützt, die aus massiven Salzfelsen bestehen und so standhaft sind, als bildeten sie ein Gewölbe, das nur dazu dient, die Berge zu stützen, und diese scheinen dagegen im Gleichgewicht, trots ihres ungeheuren Gewichtes, lediglich dank einer ungewöhnlichen Findigkeit von Bergleuten zu bleiben...

Sel. Kinga, die Schutzheilige der Bergleute von Wieliczka. Eine Salzskulptur aus dem 19. Jh.

Einfahrt des Bergmeisters Seweryn Bethman und des Salzgrafen Andrzej Kościelecki in das Bergwerk während des Brandes im Jahre 1510 — das Gemälde von Jan Matejko, 1879.

Diese ungewöhnlich originelle und suggestive Beschreibung der Salzgrube zu Wieliczka ist am Anfang des 16. Jh. aus der Feder eines der hervorragendsten Vertreter des Humanismus, Joachim Wadian, Dichter aus der Schweiz, Professor der Rhetorik und Rektor der Universität zu Wien, geflossen. Sie ist zugleich einer der ersten "touristischen" Berichte, in dem vor beinahe 500 Jahren der einmalige Reiz des *Magnum Sal* gepriesen wurde.

Seit einigen tausend Jahren war das Salz einer der meist geschätzten und vielbergehrten Rohstoffe. Auf die ersten Spuren der Salzgewinnung ist man in der Umgebung von Wieliczka bei den Ausgrabungen in dem nahegelegenen Ort Barycz gestoßen. die in dieser Gegend vor 3000 Jahren v.Che., also in derm Mitte des Neolithikum, lebende Bevölkerung der Lengyel-Kultur hatte sich mit der Salzsiederei, d.h. mit der Gewinnung von Salz aus dem unter der Erde hervorsprudelnden salzigen Quellwasser, befaßt.
Die Archäologen entdeckten dort die überreste von zwei Klärbecken, die mit einer wasserdichten Lehmschicht ausgelegt waren, sowie auf ähnliche Weise gesicherte kleine Gräben, durch die die Sole in diese Becken geleitet wurde. Dabei wurden auch die Spuren der Feuerlöcher und charakteristische kegelförmige Tonfässer gefunden, mit denen man das Salzwasser aus den Becken schöpfte, um es dann in den Feuerlöchern verdunsten zu lassen. Die auf diese Weise gewonnenen Salzstücke mögen etwa ein Kilogramm gewogen haben. Salz war eine wertvolle Ergänzung der neolitischen Küche und außerdem auch Gegenstand des Handels und Ersatz für Geldmitteln. Für die Erzeugnisse aus Jaspis und Obsidian, für die Pfeilspitzen, Messer ider Beile wurde vermutlich mit Salz "gezahlt".
Heute weiß man nicht mehr genau, wo das in der Nähe von Wieliczka gesiedete Salz damals hingeschick wurde. Aber dieses eigenartige Produktionsverfahren wurde hier vermutlich ununterbrochen bis zum frühen Mittelalter gepflegt.

Unser Wissen darüber wird um schriftliche Lieferungen aus dem 12. Jh. bereichert, in denen nicgt nur von der Produktion selcts, sonderm auch von den Besitzern der Salinen, von der Art und Weise der Verwaltung der Siedereien sowie vom Salzhandel die Rede ist.
In der päpstlichen Bulle von Innozenz II., die für den Dom zu Gnesen im Jahre 1136 erlassen wurde, wird der Ort *Babiza* bei Krakau erwähnt. Auf den Namen *Łopanca cum sale* stößt man in den aus den Jahren 1242-1243 stammenden Akten des Klosters der Benediktinerinnen in Staniątki. Die Quelle *Moristras* bei Marcinów wurde dem Zisterzienserkloster in Mogiła im Jahre 1244 von dem Krakauer Scholasticus Grzegorz (Greor) überstragen. In der Urkunde des päpstlichen Gesandten Ägidius (Idzi), die aus den Jahren 1123-1127 datiert ist, werden außer den Klostergütern in Tyniec auch die Einkünfte aus den Salzsiedereien *Magnum Sal* (Wieliczka), *Sydina* (Sidzina), *Coyanov* (Kolanów) und *Lapscicia* (Łapczyca am Raba)

erwähnt. Interessant ist dabei, daß das Sieden von Salz in Bochnia erst 70 Jahre später schriftlich zum erstenmal erwähnt wurde.

Im Laufe der Zeit wurden die Quellen ausgeschöpft; deswegen hob man auf der Suche nach Salzwasser Brunnenschächte aus. Wahrschenlich durch Zufall ist man dabei auf einen wahren Schatz gestoßen — die unmittelbar unter der Erdoberfläche vorkommenden Steinsalzstücke. So entstand vielleicht jene schöne Legende von der Tochter des Königs Bela IV von Ungarn, die den Fürsten von Krakau und Sandomierz, Bolesław dem Keuschen, heiraten sollte. Nachdem sie von seinen Gesandten erfahren hatte, daß es in Polen an Salz mangele, bat sie ihren Vater, ihr anstatt der üblichen Mitgift, den Kleinodien und kostbaren Kleidern, ein Salzbergwerk zu schenken. In den Schacht der Grube Marmarosz soll die dann ihren Verlobungsring geworfen haben Nachdem sie nach Krakau umgezogen war und die Heiratsteierlichkeiten im Jahre 1239 beendet waren, begab sich das junge Fürstenpaar zusammen mit ihrem Hofstaat und den aus Ungaren hergebrachten Bergleuten in die Umgebung von Krakau. Die Fürstein wählte dort eine Stelle, in der eine Grube ausgehoben werden sollte. In dem ersten aus der Erde ausgegrabenen Salzstück wurde ihr Verlobungsring gefunden, den sie in den Schacht der Salzmine in Ungarn geworfen hatte. Auf diese Weise soll das ungarische Salz dank Gebete von Kinga nach Polen versetzt worden sein.

Der Mangel an Salz scheint für die mittelalterlich Herrscher ein großes Problem gewasen zu sein, und die Entdeckung der Salzstücke in Salzbrunnen war eine dermaßen wichtige und vielversprechende Angelegenheit, daß damals die ersten Urkunden erlassen wurden, kraft denen den Berleuten, auch denjenigen, die aus fremdem Ländern herangezogen waren, erlaubt wurde, nach verschiedenen Mineralien — darunter auch nach Salz — zu suchen. Sie durften sich dabei auch von ihren eigenen Rechten leiten lassen — die erste sog. Bergmannsordnung, erlassen von dem Fürsten Leszek Biały, datiert aus den Jahren 1221-1227.

1250 wurde das Steinsalz in Bochnia gefunden. Seine entdecker waren die Zisterzienser aus Wąchock. denen Boleslaw der Keusche im Jahre 1249 die Freiheit der Salzförderung sowie ein Vorrecht der Einbehaltung von einem Drittel der entdeckten und gewonnenen Salzmenge verliehen hatte. Gleichzeitig wurden von dem Hürsten die Grundsätze der Verwaltung der Salzgewinnun g reformiert. Er übernahm die salzhaltigen Gebiete als Eigentum und gründete ein staatliches Unternehmen, das *Żupa* (Saline) genannt wurde. An dessen Spitze stand ein fürstlicher Beamter, der sog. *Żupnik* (Salzgraf). Dieser wurde in seiner administrativen Tätigkeit durch zwei Mitarbeiter, einen Rechenmeister und einen Gerichtsvollzieher, unterstützt. Zu den Pflichten des *Żupnik* gehörte eine strenge Beaufsichtigung der Salzgewinnung; außerdem hatte er das Aus schließlichkeitsrecht beim Salzverkauf. In das nach dem deutschen Trecht

Wieliczka, ein Modell der Stadt. Rekonstruiert
nach einem Plan von 1645.

im Jahre 1253 angelegte Bochnia kamen immer mehr Fachleute aus Schlesien, das damals ein Zentrum für die Gewinnung von Mineralrohstoffen, vorwiegend Gold und Silber, war. Einer der ersten Ansiedler, der in den fürstlichen Dokumenten erwähnt wurde, war Nikolaus, Sohn von Volkmar aus Liegnitz (Legnica), Der erste Salzgraf, der namentlich bekannt ist, war Witko, seit 1286 Schultheiß von Sandomierz, der die Saline in Bochnia zu der Zeit der Herrschaft von Leszek Biały verwaltete.

Die Gewinnung von Steinsalz begann in Wieliczka allem Anschein nach in den 80er Jahren des 13. Jh. Als Beweis dafür könnte die Tatsache dienen, daß dieser Seidlung die Stadtrechte am 25. Juli 1290 von dem Fürsten Przemysław II. verliehen wurden.

Es ist dabei merkwüedid, da Wieliczka als die einzige unter den Städten in Kleinpolen nach dem frankischen Recht angelegt wurde, ähnlich wie das in Schlesien gelegene Schweidnitz, woher auch die ersten Schultheißen von Wieliczka, die Gebrüder *Jescho* (Jeszko oder Jaśko) und *Hysinbold* (Izynbold), stammten, denen das Vorrecht der Lokation der Stadt in Anwesenheit des Schultheißes von Krakau, Albrecht, und eines anderen höhergestellten Herrn mit Namen Gierasz überreicht wurde. Jener Gierasz war wahrscheinlich Organisator des Baus und Bauherr eines Schachtes, der zunächst nach ihm "Gieraszowski" (Goryszewski) benannt wurde und in dem mit dem Abbau der Salzlagerstätte von Wieliczka begonnen wurde.

Die Gründer der Stadt erhielten von dem Fürsten zahlreiche Privilegien, u.a. die 5jährige Befreiung von sämtlichen Gebühren und Leistungen, das Recht, Dörfer anzulegen, Fleischbänke, Bäcker- und Schusterstände sowie Bäder zu errichten, und über ihre eigene Selbstverwaltung und Gerichtsbarkeit zu verfügen. Die Schultheißen wurden darüber hinaus mit einem Salzblock beschenkt, den sie nach freiem Ermessen gebrauchen konnten. Wenn man bedenkt, daß der Umsatz von Salz ausschließlich den Fürsten vorbehalten war, kann dieses letzgenannte Vorrecht davon zeugen, daß die Ansiedler im Zusammenhang mit der Gründung der Stadt erhebliche Kosten getragen hatten.

Den größten Einfluß auf die Entwicklung von Wieliczka übte das reiche Patriziat Krakaus aus. Die Krakauer Bürger investierten in den Bau der ersten Schächten und bekleideten oft die Würde eines Salzgrafen. Es ist uns leider nicht bekannt, welcher Herkunft Mikołaj (Nikolaus) gewesen ist, der die Salinen in der Zeit der Herrschaft von Władisław Łokietek verwaltete. Der erste polnische Salzgraf dagegen, den wir aus historischer Überlieferungen kennen, hieß Świątko und war Verwalter des Salzbergwerkes im Jahre 1338, als Kazimierz Wielki (Kasimir der Große) Polen regierte.

Die Salzgrafen und ihre Stellvertreter, die Grubenverwalter (Podżupek), waren Beamten von besonderem Rang, weil ihnen kraft der 1368 von dem König erlassenen Ordnung der Salinen hohe Wochenlöhne zustanden. Das richtige Funktionieren und die Verwaltung der Saline überwachte der königliche Kämmerer von Krakau. Eine besondere Stellung in der Administrarion des Salzbergwerkes nahmen allmählich die Bergmeister äls Privatunternehmer ein, die ihr Vermögen in den Abbau der Salzlagerstätten investierten.

Während der Herrschaft des Königs Kasimir des Großen entstanden die ersten Gesellschaften der Bergmeister, in denen die Bürger von Wieliczka bestimmend waren. In dem Erlaß aus dem Jahre 1334 erteilte der König einer von Bergmeister Hanek aus Zakliczyn geleiteten Gesellsschaft die Konzesssion für das Graben von Schächten und verlieh ihr das Recht, bei der Salzgewinnung in den Abbaustrecken des Schachtes bis zu 14 Hauer und 2 Gräber anzustellen.

Die im Mittelalter in Wieliczka gegrabenen Schächte reichten bis zu 40 m tief, aber man war auf die Salzschichten bereits 20-30 m unter der Erdeoberfläche gestoßen. Die größte Bedrohung für die Hauer bildete breiiger Schlamm, der durch die Schachtwände durchdrand und den Zugang zu der Salzlagerstätte erschwerte. Bergwerken arbeiteten, Zimmerern und Steigern, die den Schachtaufbau und die Benutzung der Schächte beaufsichtigten. Wir wissen ebenfalls von den Hauern oder Häuern, zu deren Aufgaben das Anhauen der Salzblöcke, die man als Brocken oder Klumpen bezeichnete, sowie das Aushöhlen der Strecken gehörte. Eine besondere Stellung unter den Fachbergleuten nahmen die sog. *piecowi*, erfahrene Salzgräber, ein, deren Aufgabe es war, das Ausschachten der Strecken so zu führen, daß den Hauern unmittelbarer Zutritt zu einem Streb gewährleistet war und das Aushauen der Salzblöcke ermöglicht wurde. Die Bergleute, die das Salz in Form von regelmäßig behauenen Blöcken abbauten, wurden *stolnik* genannt, und die Schmiede, die die Werkzeuge der Bergleute, Eisenkeile, Schlegel, Brechstangen und Keilhauen, reparierten und schärften, nannte man ostrzyc (Schärfer).

Die Arbeitskleidung der Bergeleute bestand aus einem Kittel mit einer Kappe, die den Kopf schützten sollte, und aus einer Kittel mit Kappe, die den Kpf schützen sollte, und aus einer am Gürtel festgeschnallten Tasche für Nahrung und Werkzeuge. Diese Ausrüstung wurde noch durch eine Talgfunzel ergänzt; nach ihrer Größe kann angenommen werden, daß die Arbeit unter Tage etwa 7 Stunden dauerte. Das unter der Erde abgehauene Salz wurde dann in Form von gerundeten Blöcken, Salzklumpen genannt, auf die Erdoberfläche transportiert. Die Ordnung Kasimirs des Großen bestimmte, daß sie 6 bis 8 Zentner sollten, was heute einem Gewicht von 300 und 400 kg entspricht.

Das Föedergut wurde mit Hilfe einer großen Haspel nach oben befördert. Die schwierigsten Arbeiten wurden allerdings von einer großen Gruppe von Trägern bewältigt. Die Krakauer Salinen brachten im Mittelalter etwa 5 bis 10 tausend Tonnen Steinsalz und das sog. Siedesalz und das sog. Siedesalz im Jahr (obwohl Steinsalz erschlossen wurde, gab man den Siedebetrieb nicht auf). An der Salzgewinnung waren etwa 200 Leute beteiligt.

Dank der günstigen Lage der Saline an einer Straße, die nach Ungarn führte, konnte sich der Handel mit Salz entwickeln. In Krakau, der Hauptstadt von Polen, befanden sich die größten

Das Salzkastell, gestiftet von Kazimierz Wielki (Kasimir der Große) in der 1. Hälfte des 14. Jh. Heute befindet sich hier das Museum der Krakauer Saline.

Die Gestalt eines mittelalterlichen Bergmanns das Salz tragend — eine Salzskulptur von Mieczysław Kluzek (ein Fragment der Komposition aus der Kammer "Janowice").

Eine gotische Bastei aus dem 14. Jh. (ein Fragment des Salzkastells).

Salzlager. Die Salzhändler (prasoł) versorgten sich mit Salzklumpen direkt bei den Salzgrafen. Das Recht auf Salzverkauf stand auch den Bürgern von Wieliczka zu. Das Salz aus Bochnia wurde im Nord-Osten und im Süden von Kleinpolen vertrieben, um noch weiter, nach Spis und Orava, geschickt sowie auch auf der Weichsel nach Thorn geflößt zu werden. Der Salzhandel entwickelte sich im Mittelalter sehr dynamisch. Das Salz aus Bourgneuf in Frankreich gelangte mit den Schiffen der Hanse bis zu den Häfen an der Ostsee; die Nordteile Polens wurden von Lüneburg bei Lübeck mit Salz beliefert; nach Schlesien und Großpolen brachte man Salz aus Halle in Sachsen, und in Masovien sowie Ostpolen benutzte man Salz aus den Salinen in Ruthenien. Trotz einer starken Konkurrenz auf dem Salzmarkt stammte ein Viertel des Staatseinkommens unter der Herrschaft Kasimirs des Großen aus der Salzgewinnung und dem Salzhandel. Der letzte König aus dem Hause Piast maß der Entwicklung des Salzbergbaus ein großes Gewicht bei. Davon zeugt sowohl die von ihm erlassene Ordnung der Salinen als auch der Ausbau einer Burg in Wieliczka, wo der Vorstand des Bergwerkes seinen Sitz hatte. Die Salzgrafen sorgten jedoch nicht immer für das ihnen anvertraute oder häufig in Pacht genommene Vermögen des Königs in gebührender Weise.

Unter der Regierung der Könige aus dem Hause Jagiełło verschlechterte sich der Zustand der Schächte dermaßen, daß es sich als notwendig erwies, den Stand beider Salzbergwerke. Wieliczka und Bochnia, durch einen von dem König einberufenen Ausschuß einschätzen zu lassen. Es war eine äußerst schwierige Zeit für den Staatschatz, der infolge des Krieges gegen den Deutschen Orden in bedeutendem Maße verringert wurde. Die Finanzprobleme, die unter der Herrschaft des Königs Władysław Jagiełło (1386-1434) aufgetrfeten waren, vertieften sich noch, als Władysław Warneńczyk (1434-1444) für kurze Zeit die Regierung übernahm. Der königliche Schatz stand leer, und der Mangel an Bargeld trug zur starken Dezimierung der Kasse der Saline bei, und, was noch schlimmer war, gerieten die Salinen, die bisher beträchtliche Einnahmen gebracht hatten, allmählich in Schulden. Dieser Zustand wurde in hohem Maße durch die Staatsanweisungen für künftige Einnahmen aus den Salinen, die der König Kazimierz Jagiellończyk (Kasimir der Jagellone) ausstellte, und mit denen laufende königliche Auslagen gedeckt werden konnten, kompensiert. In der Folge wurden zuerst die Siedereien, und später noch die ganzen Salinen der Stadt Krakau für ein Darlehen im Betrag von 13 tausend Zloty verpfändet. Erst am Ende des 15. Jh. wurde dieses Pfand eingelöst.

Trotz aller Probleme war die Verwaltung von Salinen nicht nur eine gewinnbringende Tätigkeit — das Amt eines Salzgrafen erfreute sich großen Ansehens unter der Bevölkerung. Die Erträge aus der Saline wurden von Gläubigern für die glaubwürdigste Bürgschaft für das geborgene Geld gehalten, um so mehr, als sie, unabhängig von den Schwankungen der Wirtschaftskonjunktur, jene Staatsdomäne war,

die regelmäßig hohe Gewine brachts. Das Entwicklungstempo der Salzgewinnung sank allerdings unter der Herrschaft von Jagiellonen wesentlich. In den bestehenden Abbauräumen konnte man nun kaum ausreichende Mengen von Salz finden, so daß die bis jetzt üblichen Salzklumpen abgehauen werden konnten. Man fing also an, in Bochnia die sog. Viertel (fortal) abzubauen, deren Größe zweimal so klein wie die der bisher hergestellten Klumpen. In Wieliczka, wo damals die Abbauräume der ersten Sohle einen geschlossenen Komplex bildeten, konnte man durch die klienen Schächte 60-70 m tief hinuntergehen. Am Ende des 15. Jh. wurden die ersten von Pferden betriebenen Aufzugsmaschinen, Göpel genannt, angewandt.

Je tiefer in der Erde gegraben wurde, desto mehr Probleme tauchten auf, die den Abbau des Salzflözes erschwerten. In die Kammern und Strecken drang Wasser, durch den Mangel an Ventilation herrschte dort Schwüle, und man mußte immer wieder beim Ausbau an Schutzmaßnahmen gegen den Einsturz denken. Die Firste wurden mit den aus quer aufeinandergelegten Holzbalken gebauten Kästen gestützt, und in den Kammern ließ man Salzsäulen stehen, die die Rolle mächtiger Stützen erfolgreich erfüllten. Die Ströme des unter der Erde fließenden Wassers wurden entwerder in die völlig ausgehauenen Abbauräume oder nach oben zu der Siederei geleitet, wo das sog. Kleinsalz gewonnen wurde. In der Saline zu Wieliczka waren beinahe 500 Arbeiter eingestellt. Die erhaltenen Rechnungen aus den Jahren 1512-1513 lassen das Gewicht der hergestellten Salzmenge auf etwa 12,5 tausend Tonnen einschätzen. Es scheint, daß es für die damalige Zeit eine beträchtliche Menge gewesen ist, weil bereits im Jahre 1496 König Jan Olbracht (1492-1504) verboten hatte, das aus den Nordgebieten stammende Salz zu benutzen. In einem durch das Parlament (Sejm) im selben Jahr verabschiedeten Gesetz wurde der Verkauf von Salz den Krakauer Salinen in dem ganzen Königsreich ermöglicht. 15 Jahre später sicherte König Zygmunt Stary (Sigismund der Alte; 1506-1548), daß Salz aus Wieliczka und Bochnia überall dort geliefert werden sollte, wohin nur die mit Salz beladenen Schiffe gelangen könnten.

Die Entwicklung der Wissenschaften und der Kultur in der Renaissance übte einen positiven Einfluß auf die Salzgewinnung, brachte zu dem Wiederaufstieg der Salzbergwerke bei und machte sie in Europa berühmt. Die Krakauer Salinen wurden gern von päpstlichen Gesandten und Diplomaten besichtigt, die ihnen, ähnlich wie der bereits erwähnte Joachim Wadian, viel Aufmerkasmakeit in ihren Reiseberichten schenkten. Dank der Anwendung verschiedener Gewinnungs- und Beförderungstechnologien stieg erheblich die Menge des gewonnenen Salzes. Auch der Handel mit Salz wurde neu gestaltet. Er bildete ein wichtiges Element der Salzbewirtschaftung in den Salinen, die erneut zum königlichen Gut gezählt wurden und dem König stand nun wieder das Ausschließlichkeitsrecht zu, diese zu benutzen.

Es wurden neue Schächte ausgegraben: "Górsko", "Daniłowicz", "Leszno" und "Janina", so daß am Ende des 17. Jh. in 10 Schächten gearbeitet wurde. In das im Nordteil des Salzflözes gelegene Stare Góry (Altes Gebirge) konnte man durch die Schächte "Regis", "Wodny", "Bużenin", "Boża Wola" und "Loiss" eindringen. Zu dem im zentralen Teil der Lagerstätte gelegenen Flöz (Nowe Góry) gelangte man durch die Schächte "Seraf" und "Daniłowicz", und den im Süden gelegenen Flöz (Góry Janińskie) erreichte man aus den Schächten "Leszno", "Górsko" und "Janina". Zu der Saline in Wieliczka gehörte auch eine Siederei, in der eine Reihe von Gradierwerken und Wirtschaftsgebäuden errichtet wurden.

Eine Modernisierung der Salzgewinnungsmethoden beruhte auf der Anwendung von mechanischen Geräten und Transporteinrichtungen. Man begann auch, die Karten des Salzbergwerkes anzufertigen und die Meßarbeiyen zu führen. Die Schächte reichten damals bis zu einer Tiefe von 85,5 m. Man schenkte immer mehr Aufmerksamkeit einer rationalen Salzgewinnung, indem man auf die früher erforschten und vor mehreren Jahren ausgebeuteten Flözen oder auf die bis jetzt wegen der Überschwemmung unzugänglichen Ausbauräumen zurückzugreifen versuchte. Um das Flöz besser auszunutzen, änderte man die Größe der abgehauenen Salzblöcke. Sie wurden die Karakauer, "Oświęcimskie" und Slovakische Salzklumpen genannt. Ihr Gewicht schwankte zwischen 1000 und 2000 kg. Außerdem handelte man mit Salzstücken, die verschiedene Maße und Größen hattgen und verschiedenartig bezeichnet wurden: "frustr", "partyk", "błotniak" — sie wurden nach ihrem Gewicht verkauft und aus diesem Grunde auch Zentnersalz genannt.

Eine immer größere Bedeutung wurde dem Problem des Schutzes der ausgebeuteten Abbauräume beigemessen. Man bemühte sich, an der Flözgrenze eine Schutzschicht aus Salz unberührt zu lassen, aber diese Schutzmaßnahmen wurden des öfteren von den Bergleuten, die sich ihre Arbeit zu "erleichtern" versuchten, verletzt. Diese Stützsäulen aber und zerfielen im Laufe der Zeit. Deshalb maßten sie mit Holzstempeln und -konstruktionen gestützt werden für deren Bau große Mengen von Holz benötigt wurden. In Jahrbüchern wurde seit Jahrhunderten der Kampf der Bergleute mit den durch die Elemente verursachten Bedrohungen beschrieben. Es kam vor, daß sogar bis zu 15 Wochen lang dauernde Feuersbrünste die Holzkonstruktionen zerstärten. Große Verwüstungen richtete auch das Wasser an. In dem sehr "nassen" Jahr 1648 kam es zu einem so großen Bruch, daß sich selbst die ältesten Bergleute an einen ähnlichenVorfall nicht erinnern konnten. In der Kammer "Stary Lipowiec" ereignete sich ein Firstenbruch. Die Erdoberfläche zwischen den Schächten "Seraf" und "Boża Wola" bekam gewaltige Risse und durch die Öffnung, die in der Folge entstand, konnte man von unten das Tageslicht sehen, als wäre es ein verschalter, nach oben hin geöffneter Schacht. Durch die entstandenen Risse drang in das Bergwerk Wasser ein. Noch in derselben Nacht hatte sich die Öffnung verschlossen, und auf der Erdoberfläche entstand ein

Das wegen der Wunder berühmte Gemälde Unser Gnädiger Frau (unbekannter Maler, die 1. Hälfte des 17, Jhs.) aus der Franziskanerkirche.

Grabenbruch, den man einige Tage lang aufschütten mußte.

Im 17. Jh. wurden bei den Untertagearbeiten zum ersten mal Pferde eingesetzt. Pferde benutzte man im Salzbergwerk dann ununterbrochen in den folgenden 400 Jahren. Damals entstanden auch hölzerne Beförderungskonstruktionen, die von der Meisterschaft ihrer Konstrukteure und Erbauer zeugen. Die charakteristischen polnischen Göpel waren für den Transport von beträchtlichen Gewichten geeignet, und für ihren Bau benutzten man sogar bis zu 60 Eichenstämme.

In den 30er Jahren des 17. Jh. stellte der Landvermesser und zugleich Steiger bei dem Schacht "Regis", Marcin German, den ersten bis heute erhaltenen Plan der Stadt Wieliczka her, auf dem nicht nur die Stadtbebauung, sondern auch die drei damals vorhandenen Sohlen in dem Salzbergwerk aufgezeichnet sind. Der Plan von German zeichnete sich durch eine große Genauigkeit aus und wird heute noch für eine der größten Errungenschaften in der polnischen Bergbauvermessung gehalten.

Eines der ungewöhnlichen Denkmäler der Handwerkskunst ist das von 1534 stammende Horn der Bergleute von Wieliczka, ein Symbol und Wappen der Knappschaft der Hauer. Der Stifter dieses Hornes ist bis zum heutigen Tag unbekannt geblieben — man muß ihn vermutlich unter den vier Persönlichkeiten, deren Siegel auf dem mit Ornamenten verzierten Silberband abgedrückt sind, suchen: König Zygmunt Stary (Sigismund der Alte), seine Gemahlin Bona Sforza, der Krakauer Haushofmeister Seweryn Boner und seine Gemahlin Jadwiga Kościelecka. Das Horn ist aus hochwertigem Silber angefertigt und wird vom Standbild eines knieenden Mannes auf dessen Rücken getragen. Die Männergestalt steht auf einem ovalen Sockel. Dieses Symbol der Bergleute von Wieliczka wurde wahrscheinlich bei verschiedenen Anlässen und während Feierlichkeiten getragen, ähnlich wie der Silberhahn der Krakauer Schützengilde.

In der zweiten Hälfte des 17. Jh. stellte man plötzliche Senkung der Salzgewinnung fest, deren Ursache die Kriege gegen Schweden, häufige Feuersbrünste sowie Epidemien, die die Bevölkerung dezimierten, gewesen waren. In den schlecht geschützten Kammern, die in den ältesten Sohlen gelegen waren, kam es zu Erdbrüchen, die Abbaustrecken wurden zerdrückt, und der Prozeß der Degradierung von Abbauräumen wurde noch durch das Wasser, das das Flöz auslaugte, vertieft. In die Salzgewinnung und deren Verwaltung hatte sich Chaos eingeschlichen, es kam häufig zu Plünderungen und Unfällen.

Erst am Anfang des 18. Jh. versuchte man wieder. Ordnung in die Salinen zu bringen. Viel Gutes taten diesbezüglich sächsische Fachleute, die Landesvermesser Julius Christopher Hartwig und Johann Gottfried Borlach. Der wichtigste Beschluß war wohl in dieser Zeit eine erneute Übernahme der Salinenverwaltung durch den Königsschatz. Sämtliche Salzgewinnungs- und Salzhandelszentren in Polen wurden der Generaladministration

Das Horn der Knappschaft der Hauer (1534).

polnischer Salinen unterordnet, die von einem vom König ernannten Direktor verwaltet wurden, der sein Amt in Dresden hatte. Er war für die Gewinnung und den Handel mit Salz zuständig, bereitete die Jahresbilanz vor und sorgte dafür, daß die Erträge aus dem Salzverkauf regelmäßig die Reisekammerkasse des Königs versorgten. Die neuen Salineverwalter schenkten der Arbeitsorganisation unter der Erde große Aufmerksamkeit. In Anlehnung an präzise Messungen wurden neue Strecken vorgetrieben und gleichzeitig die Transportstrecken für Fördergut begradigt. Man vertiefte die Schächte, verbesserte die alten Holzverschalungen und errichtete neue, füllte die leeren Abbauräume mit Felsgeröll aus, verstärkte die verwitterten Stützsäulen, wobei der Grundsatz galt, daß in jeder neu ausgebeuteten Kammer die Stützsäulen eine streng bestimmte Große haben sollten und die Entfernung zwischen ihnen nicht weniger als 30 damalige Meßeinheiten betragen mußte, was nach dem heutigen Maß 13 Metern entspricht. Die Göpel, das Werk polnischer Bergleute, fand große Anerkennung bei den Spezialisten aus Sachsen. In den Jahren 1730-1740 fertigte Johann Gotfried Brolach, in Anlehnung an die Palne von German, neue Karten des Salzbergwerkes und der Stadt an. Es waren darauf drei Abbausohlen und die Stadtbebauung dargestellt, Leider sind die Originale nicht mehr ehalten. Sie sind uns nur von den Stichen bekannt, die im Auftrag des Königs Stanisław August von J.E. Nilson gemacht wurden.

Trotz aller vorgenommen Scutz- und Sicherheitsmaßnahmen wollte sich die Natur doch nicht für besiegt erklären. Am 27. September 1792 stürzten die Kammern "Gołębie", "Gawrony", und "Bąkle" ein. Auf der Erdoberfläche entstand ein Erdtrichter, dessen Durchmesser 50 m und Tiefe 18 m betrugen. Einige Häuser in der Stadt stürzten zusammen oder wurden zerstört. Glücklicherweise gelang es den Bewohnern rechtzeitig zu fliehen, nachdem sie durch ein ungeheures Getöse kurz vor der Katastrophe gewarnt worden waren. In der Firste der Kammer "Sołtysie Koło" enstanden so große Risse, daß sich dort das Gerassel der durch die Straßen der Stadt vorbeifahrenden Pferdewagen hören ließ. Die Kammern "Gołębie", "Gawrony", und "Bąkle" gehörten zu den ältesten Abbauräumen des Salzbergwerkes. Über die Notwendigkeit ihrer Zuschüttung hatte man bereits 200 Jahren vor der Katastrophe gesprochen. Die Unterschätzung der Naturgewalte richtete ungeheure Schäden in dem ganzen Salzbergwerk an. Zu den Abbauräumen drang das Wasser aus einem in dem Fluß Srawa mündenden Bach ein und überschwemmte hat sie bis zur Höhe von 13 m. Trotz aller Unglücksfälle war das 18. Jahrhundert dank der Tatsache, daß die Salinen und die Salzgewinnung von den sächsischen Monarchen und den von ihnen hergebrachten Spezialisten geschützt wurden, eine der besten Perioden in der mehrere Jahrhunderte dauernden Geschichte der Saline von Wieliczka.

Am 5. August 1772 begann ein neuer Abschnitt in der Geschichte des Salzbergwerks. Kraft des Teilungsabkommens wurde es für 146 Jahre das Eigentum der Habsburger Monarchie. Bald wurden alle Administrationsstellen durch die österreichische Regierung mit Österreichern oder germanisierten Tschechen besetzt. Die Ämter des Salzgrafen, Grubenverwalters und Bachmeisters, die durch viele Jahrhunderte dauernde Tradition geprägt waren, wuden aufgelöst. Von jetzt an wurde das Salzbergwerk von einem Administrator verwaltet, der von Vorstehern und Bergmeistern (góromistrz) unterstützt wurde. Die deutsche Sprache wurde zur Amtssprache, und die Polen durften lediglich die Arbeitsstellen von niedrigem Rang besetzen. Diese Diskriminierung dauerte bis zu der Zeit, als Galizien die Autonomie verliehen wurde (1867-1918).

An der Schwelle des 19. Jh, erstreckte sich die Saline in Wieliczka über ein Gelände, das 1450 m lang und 940 m breit war. Sie hatte 10 Förderschächte, 90 Blindschächte und 27 Strebebauten. Das Salz wurde in fünf Abbausohlen gewonnen, von denen die tiefste 212m unter der Erde gelegen war.

Die Österreicher begannen, nach den neuen Salzlagerstätten intensiv zu suchen; es wurden neue Strecken ausgeschachtet, und das Bergwerk um zwei weitere Sohlen vertieft. Die alten Förder- und Blindschächte wurden verschüttet, dafür aber folgende neue Schächte gebaut: "Józef II", "Franciszek", "Elżbieta" und "Wilson". Nach dem Ausbau war die Salzabbaufläche 4 km lang, 1 km breit und die am niedrigsten gelegenen Sohlen erreichten eine Tiefe von 255,6 m. Die Gesamtlänge der Strecken betrug damals 110 km.

Eine so schnelle Vergrößerung der Saline war dank Anwendung verschiedenartiger mit Dampf oder Preßluft betriebener Maschinen sowie dank des Einsatzes von Sprengmitteln möglich. Die preußischen Bergleute, die man nach Wieliczka schickte den polnischen Kumpeln die Sprengtechnik beibrachten. Diese gewann bei der Salzgewinnung immer mehr an Bedeutung. Auf der Suche nach immer größerer Salzproduktion vergaß man die negativen Folgen, die diese neuen Abbautechniken mit sich brachten. Die Sprengarbeiten wurden nicht nur in den Abbaustrecken, sondern auch in den Kammern und anderen Abbauräumen durchgeführt, was den Prozeß der Destabilisierung der gesamten Lagerstätte nur streigerte. Die Bergleute waren bei der Arbeit von Brüchen, entweichendem Gas und Ausflüssen des Wassers bedroht.

Zwischen November 1868 und December 1880 folgte ein Unglück dem anderen. Zuerst wurde in der Strecke "Kloski" ein Ausfluß von Wasser 33 Liter pro Minute, beobachtet. Einige Tage später kam es zu einem plötzlichen starken Ausfluß von 5000 Litern des mit Ton und Sand gemischten Wassers pro Minute. Die Sohlen IV — "Regis" und V — "Austria" wurden ganz überschwemmt. Fast genau drei Jahre später floß das Wasser in der Strecke "Collorado" mit einer Stärke von 800 Litern in der Minute wieder aus. Noch in der Zeit, als die Österreicher die Saline verwalteten, erfolgte ein Einbruch an

der Nordgrenze der Salzlagerstätte (in der Nähe der Querstrecke "Mina"; als Folge trat Wasser aus. Ein folgender Versuch einer Eindämmung des austretenden Wassers endete im April 1992 mit einem gewaltsamen Einbruch der Wasser-Sand-Mischung in das Salzbergwerk. Die Mechanisierung der Förderarbeiten in den Jahren 1772-1918 führte zu einer wesentlichen Striegerung der Salzgewinnung in Wieliczka und erreichte in den Jahren des 1. Weltkrieges über 100 tausend Tonnen.

Nach der Wiedergewinnung der Unabhängigkeit Polens im November 1918 wurden die Saline sowie die ganze Salzgewinnungsindustrie unter die direkte Verwaltung des neuen Staates gestellt. Das polnische Salzmonopol war unmittelbar dem Ministerium für Finanzen unterordnet. Der Minister beafsichtigte die Salzgewinnung und bestimmte die Wirtschaftspolitik des Salzbergwerkes. Die Krakauer Saline erhielt damals den offiziellen Namen "Staatliches Salzbergwerk".

In den Jahren 1918-1939 wurden nur diejenigen Flöze abgebaut, an denen die Arbeiten noch während der Teilungen Polens durchgeführt worden waren. Das Salzbergwerk wurde nicht mehr ausgebaut. Man führte lediglich den Bau der VII. Sohle (288 m), den noch die Österreicher angefangen hatten, sowie den des Wetterschachtes "Wilson" zu Ende. Es wurden auch gründliche Modernisierungsarbeiten an dem „Wettersystem" des Bergwerkes durchgeführt und außerdem eine neue Technologie, die Naßmethode des Flözabbaus, bearbeitet, die darauf beruhte, daß das Salz mit Süßwasserstrom ausgeschwemmt wurde. Die auf diese Weise erzeugte Salzsole konnte dann in der Siederei verdunsten. Interessante ergenbisse erzielte man auch mit eienm anderen Verfahren, dem Aussolen in den Kammera. 1937 wurde zum erstenmal versucht, dieses Verfahren in einer der Kammern anzuwenden. Es zeigte sich, daß die Technologie des nassen Abbaus besonders ergiebig und somit am billigsten war.

Das Salzbergwerk wurde in Reviere eingeteilt; in vier Abbaugebieten wurde das Salz mit traditionellen Methoden gewonnen (Schieß- und Schrämmarbeiten), und in dem fünften wurde die Naßmethode angewandt. Aaßerdem setzte man die Mechanisierung der Abbauarbeiten fort, vor allem den Materialtransport. Die Länge der Schienen für die elektrische Förderbahn betrug 57 km, und die Bahnlinie hatte insgesamt 146 Abzweigungen. Eine große Bedeutung wurde den Sicherungs- und Schutzmaßnahmen beigemessen wobei man sich bemühte, die vieljährigen Versäumnisse nachzuholen. Man füllte die nicht mehr benutzten Hohlräume und Strecken mit 315 tausend Kubikmetern Sand und beinahe 250 tausend Kubikmetern Gestein und Erde aus.

Die gewonnene Salzmenge im Bergwerk Wieliczka schwankte damals zwischen 90 und 140 tausend Tonnen im Jahr. Das Steinsalz wurde zu Speise-, Industrie- und Viehsalz verarbeitet. Fast die ganze Salzproduktion war für den polnischen Markt bestimmt. Geringe

Der Schacht "Górsko".

Am 7. September 1939 marschierten in Wieliczka die Truppen der Wehrmacht ein. Es begann die Zeit der Okkupation durch die Nazis, die durch Verfolgungen und Ausrottung der Bevölkerung geprägt war. Die Verhältnisse zwischen der von den Okkupationsbehörden eingesetzten deutschen Verwaltung des Salzbergwerkes und der polischen Besatzung gestalteten sich jedoch ziemlich gut. Der Abbau wurde nicht gehemmt, weil die Okkupanten an die Salzgewinnung interessiert waren, die bisherigen Richtlinien der im Salzbergwerk geführten Arbeiten akzeptierten und sich den Modernisierungsmaßnahmen nicht widersetzten.

Nach dem deutschen Amgriff auf die Sowjetunion beschlossen die Besatzungsbehörden, die unterirdischen Kammern des Salzbergwerkes für die Montage der Henkel-Flugzeuge auszunutzen. Zu diesem Zweck wurden einige Abbauräume umgebaut. Man versuchte, ein aus Holz hergestelltes Flugzeugmodell durch den "Daniłowicz" — Schacht nach oben zu transportieren. Dieses Vorhaben scheiterte aber in Anbetracht der radikalen Änderung der Situation an der Ostfront — die Einrichtungen, Maschinen und Montageanalgen wurden im Herbst 1944 wahrscheinlich in das Bergwerk in Berchtesgaden übergeführt. In den Jahren 1939-1945 wurden die Abbauarbeiten bei der Salzgewinnung vorwiegend mit der Sprengmethode durchgeführt, was weitere Brüche und Änderungen in der Berg- und Lagerstättenstruktur verursachte. 1944 kam es zu einem Bruch an der Nordgrenze der Lagerstätte, diesmal in der Sohle VII, in einer Kammer, die heute "Fornalska" genannt wird. Ein Ausfluß, der danach erfolgte, verursachte, daß sich das Wasser in der in der Nähe gelegenen Kammer "Fornalska II" sammelte, um von dort im Jahre 1972 mit einer Geschwindigkeit von 30 Kubikmetern pro Minute auszufließen. Glücklicherweise ist das Salzgestein in dieser Sohle ziemlich konsistent — deshalb gelang es, den Ausfluß einzudämmen, nachdem man beschlossen hatte, einem Teil der Kammer zu zerstören und einen Sicherungsdamm aufzubauen. Die Sicherungsarbeiten dauerten an dieser Stelle mehrere Jahre, und bis heute bedarf sie einer ständigen Überwachung, weil das ununterbrochen zufließende Wasser ständig abgeleitet werden muß.

Während der Okkupationszeit erlitt das Salzbergwerk in Wieliczka ernsthafte materielle Schäden. Sie entstanden durch Zerstörung während der Kriegshandlungen, die Ausnutzung der Einrichtungen und die von den Deutschen vorgenommene Ausfuhr von einigen zehn Eisenbahnwagen, die mit Maschinen und Bergbauanlagen vollbeladen waren. Mengen wurden nach Jugoslavien, Litauen. Lettland und in die Freistadt Danzig sowie nach Bulgarien, Dänemark, Schweden, Niedrlande und Nigerien ausgeführt.

Im Februar 1945, bereits einen monat nach der Befreiung, begann man wieder, Salz zu gewinnen. Zuerst produzierte man lediglich Grausalz, ein Jahr später wurde die Herstellung von Siedesalz, Dünge- und Viehsalz sowie Industriesalz wiederaufgenommen. Das Angebot umfaßte auch Salz mit Jodzusatz. Allmählich verzichtete man auf die Steinsalzgewinnung zugunsten der Siedesalzerzeugung, was mit der Ausbeutung der Flöze zusammenhing. Am Ende der 60er Jahre verwendete man aussschließlich das Naßverfahren, und die auf diese Weise erzeugte Salzmenge betrug 270 tausend Tonnen im Jahr. Seit zehn Jahren sinkt allmählich die Salzerzeugung; von einer Industrieproduktion, kann keine Rede mehr sein. Es wird lediglich Solsalz gewonnen, das aus insgesamt 262 Ausflüssen herausfließt. Im Jahre 1992 stellten 1280 in dem Salzbergwerk eingestellte Arbeiter 138 tausend Tonnen, Salz verschiedener Art, Siede-, Speise-, Jod-, Kosmetik- und Badensalz, sowie Salztabletten und Reagenzsalz her. In geringen Mengen wird aber auch noch Steinsalz produziert. Nur 20% der Produktion des Salzbergwerkes Wieliczka werden ins Ausland ausgeführt — in die Tschechei und Slovakei, in die Länder des ehemaligen Jugoslawien, in die Niederlande, nach Deutschland, Dänemark, Großbritanien und Kanada.

Heute umfaßt das Gelände des Salzbergwerkes eine Fläche, die 5,5 km lang und 900 m breit ist. Die niedrigste Stelle (Sohle IX) ist 327 Mtere tief gelegen. In dessen Grenzen befinden sich mehrere Schächte, eine Reihe von Abbauräumen in jeder Sohle, die Strecken, deren Gesamtlänge 200 km beträgt, sowie 2049 Kammern.
Diese ungewöhnliche, zweifellos älteste von allen ununterbrochen im Betrieb befindlichen Produktionsstätten in Europa, zugleich ein Denkmal der Natur, der Industrie, Kultur und Technik, wurde 1978 in die Liste des Weltkultur- und Naturerbes der UNESCO eingetragen.

Leszek Horwath

Wieliczka — Gesamtansicht der Stadt.

Dieser Schacht entstand in den Jahren 1635-1642. Eine Holztreppe mit 394 Stufen führt zu der Sohle I, "Bono" genannt , 64 m tief hinunter.

Bereits im Füllort begegnen wir den Spuren, die charakteristisch für die Handförderung in alten Zeiten sind.

Hier beginnt die zwei Kilometer lange Route, die durch den Labyrinth von Strecken, Gängen, Kammern, Kapellen, Schleppschächten und Treppen oder die Ufer unterirdischer Seen entlang führt. Es ist eine ungewöhnliche Begegnung mit einem Salzflöz, das sich mehrere tausend Jahre lang herausbildete, und wo selbst die Natur dem Menschen geholfen hat, innerhalb von 700 Jahren ihre Schönheit in verschiedenen Formen und Gestalten auf eine wunderbare Weise zu bewahren.

DER

SCHACHT

DANIŁOWICZ

POZIOM I
BONO
GŁĘB. 64M

In dieser Kammer wurde der Aufenthalt des großen polnischen Astronomen, der während seiner Studienzeit in Krakau (wahrschenlich im Jahre 1493) das Salzbergwerk besichtigt, unvergeßlich gemacht. Das Standbild des Gelehrten, der das heliozentrische Weltsystem aufstellte, wurde von Władysław Hapka in Salz ausgehauen und im Jahre 1973, zum 500jährigen Jahrestag der Geburt des Astronomen enthüllt. Die Kammer stammt aus der Wende des 17. zum 18. Jh. und wurde in einem Block Grünsalz ausgehauen.

MIKOŁAJ KOPERNIK

Es ist die älteste, im Ganzen erhaltene Kapelle. Sie wurde im 17. Jh. ins Grünsalzlager zu Ehren des Schutzheiligen der Erzhauer gehauen. Die einst reichen Ornamente im Inneren dieser Kapelle verloren ihre Schärfe infolge einer seit Jahrhunderten zu dieser Stelle vordringenden feuchten Luft aus einem in der Nähe gelegenen Schacht. Von der Ungewöhnlichkeit dieses Denkmals der Bergmannskunst zeugen Altäre und Reliefs, die direkt in Salzlager gehauen wurden sowie die aus separaten Salzblöcken ausgemeißelten Skulpturen.

Die Aufmerksamkeit der Besucher erweckt ein dreiflügeliger Barockaltar mit der Mutter Gottes mit dem Kinde und dem hl. Anton, eine in dem Vorraum befindliche Kanzel mit den Überresten von Flachreliefs, auf denen die Evangelisten dargestellt waren sowie ein Portal, der den ganzen Raum krönt.

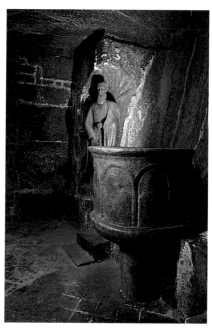

DIE KAPELLE

ST. ANTON

Entstanden in der ersten Hälfte des 17. Jh. 1967
wurden hier Figuren mit natürlicher Größe, die
von Mieczysław Kluzek in Salzblöcke
ausgehauen wurden, aufgestellt. Die
Figurenkomposition veranschaulicht eine
Legende über die Entdeckung von Salz in
Wieliczka. Die zentrale Gestalt bildet die Fürstin
Kinga, die von einem polischen und einem
ungarischen Ritter begleitet ist. Ein knieender
Bergmann überreicht der Fürstin einen
Salzbrocken, in dem ihr Verlobungsring
verborgen ist. Die Figurenkomposition wird
durch zwei Gestalten ergänzt, in denen die
Bergleute von Wieliczka abgebildet wurden.

DIE KAMMER

JANOWICE

VERSENGTE

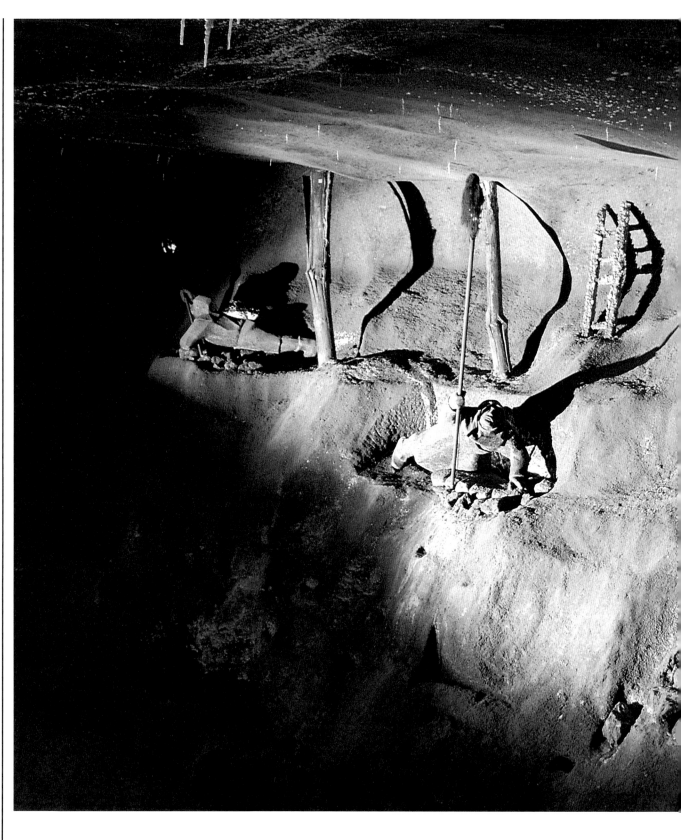

Diese Kammer wurde um 1780 in der Hülle des Schichtenflözes mit Erzsalz ausgehöhlt. Ihre Benennung leitet sich wahrscheinlich von dem Brand her, der im Jahre 1740 den in der Nähe gelegenen Schacht "Janowski" zerstört hatte. Die dort im Jahre 1740 angebrachten Figuren sind das Werk von Mieczysław Kluzek. Sie sollen auf diese merkwürdige Weise den Gasausbrennern besondere Anerkennung ausdrücken. Gasausbrenner, "Bußer" genannt, übten einst eine besonders gefährliche Arbeit aus.

SIELEC

Sie sind beide in den 40er Jahren des 17. Jh. entstanden. Die Strecke begann an dem "Daniłowicz" — Schacht und war ein Alter Mann, ein toter Schacht, der leicht nach dem Süden abfiel und durch den die Auschlußarbeiten im Erzsalzflöz durchgeführt wurden. Das Aushöhlen der Kammer dauerte einige zehn Jahre. In diesem Teil des Flözes wurden unterschiedliche Steinsalzalzarten ausgebeutet, von den weißen Sorten bis zu den grauen, mit einer Sandbeimischung. Der untere Teil dieser Kammer wurde nach völliger Ausbeutung zugeschüttet. Die touristische Route führt durch den erhaltenen oberen Teil der Kammer "Sielec".

Sie wurde in der Mitte des 18. Jh. im grünen Salz ausgehauen. Im Jahre 1968 renovierte man diese Kammer anläßlich des 600jährigen Jubiläums der Bekanntmachung von "Statuten", einer Sammlung von Rechten, die der Krakauer Saline vom König Kazmierz Wielki (Kasimir der Große) verliehen worden waren. Die Kammer wird mit dem Standbild des Königs-Gesetzgebers, einem Bergkasten, der die Firste stützt sowie einem aus dem 17. Jh. stammenden polnischen Göpel, der zu den merkwurdigsten, bis zum heutigen Tag in gutem Zustand erhaltenen Transporteinrichtungen gehört, verziert.

KAZIMIERZ WIELKI

Diese Kammer wurde im 17. Jh. zum erstenmal urkundlich erwähnt, als die Saline zu Wieliczka von Jan Wielopolski aus Pieskowa Skała verwaltet wurde. Man hohlte diese Kammer in einem stark gefalteten Steinsalzflöz. Sie ist 27 Meter hoch. Ihre 162 Treppen verbinden die Sohle I "Bono" mit der sog. Sohle der Gebrüder Markowski. Die in der Kammer gelassenen Stützpfeiler sind der Flözform angepaßt. Man kann darauf die in Gestein ausgehauenen Treppen sowie zahlreiche Hohlnieschen ("kawerny"), die Spuren nach den ausgebeuteten Salzstücken von besonderer Reinheit, beobachten. In einer der unteren Nieschen wurden am Anfang des 2. Jh. zwei Skulpturen der Zwerge, die Józef Markowski in Salz ausmeißelte, aufgestellt.

PIESKOWA SKAŁA

BERGMÄNNCHEN

Diese eigenartige Komposition ist das Werk des Bergmanns und zugleich Bildhauers, Stefan Kozik, der sie in den Jahren 1962-1963 in Salzstücken gemeißelt hat. Sie knüpft an das Reichtum der Legenden, Volksglauben und Sagen der Bergleute an.

Die Bergmännchen aus Salz ahmen die Arbeit der Kumpel nach und ... helfen den Mädchen ihren Ehemann aussuchen. Dieses ist aber von der Temperatur des heissen Kusses, den sie auf den Mund eines der bärtigen Figürchen geben, abhängig.

HL. KREUZ

Die Kapelle wurde in einer Kammer angerichtet, die in der Mitte des 19. Jh. ausgebeutet worden war. Direkt am Eingang an der linken Seite sind die Spuren nach einem mit Handarbeit, d.h. mit Hilfe von Keilen, abgehauenen Salzstück zu sehen.

Die Ausstattung der Kapelle bilden sakrale Gegenstände, die aus anderen Stellen des Salzbergwerkes herbeigeführt wurden: ein auf dem Altar angebrachtes Kruzifix, die in Salz gemeißelten Figuren zweier knienden Mönche, sowie zwei andere Skulpturen, Mutter Gottes mit dem Kinde und Christus auf dem Kreuze, die durch hohen künstlerischen Wert gekennzeichnet sind und wahrscheinlich durch den Kreis der Krakauer Barockkünstler geschaffen wurden.

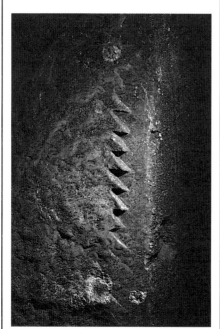

DIE KAPELLE DER

SEL. KINGA

101 Meter tief unter der Erde befindet sich eine der herrlichsten Kapellen, die in den Jahren 1870-1880 im grünen Salzflöz ausgehauen wurde. Ihre Höhe beträgt beinahe 12 m, die Länge 54,5 m und die Breite 15 — 18 m. In Jahre 1896 wurde diese Kammer in eine Kapelle umgewandelt. Den Plan und die Austattung sind das Werk der Ingenieure Edward Windakiewicz, Erazm Barącz, Feliks Piestrak, des Steigers Jan Słowik und des Malers Ferdynand Olesiński. Die Bildhauerarbeiten wurden vorwiegend von dem Bergmann Józef Markowski in den Jahren 1895-1920 ausgeführt. Er schuf den Hauptaltar mit den Skulpturen der heiligen Joseph und Klemens sowie der seligen Kinga und außerdem noch die Kanzel, die Seitenaltäre (zum Herzen Mutter Gottes und Herrn Jesu), das Standbild Mutter Gottes aus Lourdes und die Seitenkapelle der Auferstehung (mit der Veranschaulichung des Heiligen Grabes und der Auferstehung Christi). Markowski meißelte auch über 20 Holzfiguren für die Weihnachtskrippe. In den Jahren 1920-1927 wurde sein Werk von dem jüngeren Bruder, Tomasz, fortgesetzt; zwei seine Flachreliefs: das Urteil des Herodes und der Bethlehemitische Kindermord gaben Anstoß zu einer ganzen Serie von den in Salz gehauenen Darstellungen und Szenen aus dem Neuen Testament.

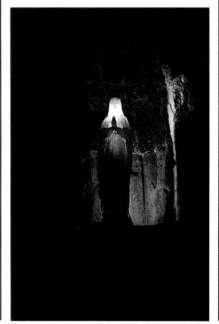

DIE KAPELLE DER

SEL. KINGA

In den Jahren 1927 — 1963 arbeitete in der Kapelle Antoni Wyrodek, der dort folgende Reliefs anfertigte: die Flucht aus Ägypten, auf dem Weg nach Bethlehem, der zwölfjährige Christus in einem Tempel, das Wunder zu Kana in Galiläa, das heilige Abendmahl (nach dem Gemälde von Leonardo da Vinci) und der ungläubige Thomas. Der kleine Altar der sel. Kinga ist auch das Werk von Antoni Wyrodek. Außer den sakralen Funktion spielte die Kapelle während der Teilungen Polens eine besondere Rolle bei der Erinnerung an den polnischen Ursprung des Salzbergwerkes.

Eine ungewöhnlich gute Akustik dieser Kapelle wird besonders bei Musikkonzerten ausgenutzt.

DIE KAPELLE DER

SEL. KINGA

Diese Kammer entstand im Jahre 1864 durch das Aushauen eines Abbauraumes im grünen Salzgestein. Sie wurde nach dem letzten Direktor der Saline aus der Zeit der österreichischen Okkupation benannt. 1905 wurde dieser Kammer die Sole zugeführt, und über den auf diese Weise entstandenen unterirdischen See wurde eine Brücke für Besucher geschlagen.
Die Firste dieser Kammer und die Salzstütze bilden ein interessantes Beispiel für ehemalige Technologien der Versicherung von Abbauräumen.

DIE KAMMER

ERAZM BARĄCZ

1717-1761 in grünem Salzstein ausgehauen gehört diese Kammer zu den geräumigsten in dem ganzen Salzbergwerk Wieliczka. Die Kubatur dieses großen Abbauraumes beträgt über 20 000 qm. Ihre Benennung soll den Bannenträger des Königs Johann III. Sobieski, Michał von Dan Michałowicz, verewigen. Wegen gefährlicher Risse an der Firste wurde sie in den Jahren 1871-1872 durch eine Holzkonstruktion mit den aus massiven, mit Metallbändern und Klammern gebundenen Balken gebauten Pfeilern und Stützen gesichert. Die Konstruktion wurde noch mit den schräg eingekeilten Balken verstärkt. Die Firste stützte man hinten noch mit den ebenfalls aus Balken errichteten Bergkästen, und den Wänden wurde dagegen in dem unteren Teil dank Betonstützmauern ein zusätzlicher Halt gegeben. Sogar das Podium für Orchester wurde umgemauert.

Dieser ungewöhnliche Ingenieurbau wird mit Treppen, Gängen und Galerien ergänzt, die Zutritt zu den einzelnen Bestandteilen der ganzen Konstruktion gewähren und somit die Bewachung deren Zustandes ermöglichen.

Am Eingang zu der Kammer, den eine in Salz gehauene Treppe bildet, steht das Standbild eines Bergmanns, das Werk von Mieczysław Kluzek aus dem Jahre 1962.

DIE KAMMER

MICHAŁOWICE

Es ist eine der größten Kammern. Sie wurde im Grünsalz in den Jahren 1690-1743 ausgebeutet. Ihre Benennung wird von dem Truchseß von Wieliczka, Jan von Drozdowice Drozdowski, abgeleitet.

Um die Wende des 19. zum 20. Jh. befand sich hier eine Ausstellung von Werkzeugen und Bergeinrichtungen.

Über 150 Jahre lang brauchte die Firste dieses Abbauraumes nicht gestützt zu werden. Die jetzige Firstverkleidungskonstruktion enstand in den Jahren 1900-1901. Sie besteht aus zwei symmetrisch gestalteten Etagen, die, gestützt auf Pfeiler aus Doppelbalken, mit Gängen und Galerien verbunden sind. Die Stützkonstruktion wird durch Kästen aus Rundholz ergänzt.

Im zentralen Teil der Kammer steht das Denkmal der Zimmerhauer, das 1967 von Antoni Wyrodek in ein Block Grünsalz gemeißelt wurde.

Diese Kammer bildet ein Beispiel für die Salzgewinnung mit Anwerndung mechanischer Geräte und mit Kammersprengungsmethoden. Sie hat eine glockenförmige Gestalt, und ihre Kubatur beträgt 10 000 qm. Sie hat keinen Strebeausbau und keinen Firstenverzug. Sie wurde am Anfang des 20. Jh. in Grünsteinsalzflöz ausgehauen. Die Kammer wird mit einem Salzwassersee, das nur 2 m tief ist, „verziert".

WEIMAR

STANISŁAW STASZIC

Die Kammer wurde in den Jahren 1871-1918 aus einem Grünsalzflöz mit traditionellen Methoden, von Hand, ausgehöhlt. Ursprünglich war sie 50 m hoch. In den 20er Jahren wurde sie aber teilweise zugeschüttet und ihre Höhe beträgt nun 36 m. Die Kammer hat eine sehr regelmäßige Gestalt, und an den Wänden kann man die Spuren nach den ehemaligen Gewinnungs- und Versicherungstechniken deutlich sehen. Die Kammer wurde nach dem hervorragenden polnischen Wissenschaftler im Bereich Geologie und Bergbau und zugleich dem Staatsmann, Stanisław Staszic, benannt. 1964 wurde in der Kammer eine Büste des Schutzherrn dieser Kammer, das Werk von Antoni Wyrodek, aufgestellt.

Sie wird durch ein Komplex von zwei im Grünsalzgestein in den Jahren 1810-1830 ausgebeuteten Kammern, die mit einem 10 Meter langen Tunnel miteinander verbunden sind. Im 19. Jh. wurden beide Kammern mit Salzwasser überschwemmt. So entstand ein 5 Meter teifer See, auf dem eine Fähre zwischen den beiden Kammern verkehrte. Es wurden hier des öfteren Vergnügungsfahrten im Licht der Feuerwerke und mit Musikbegleitung veranstaltet. 1915 kippte die überfüllte Fähre um und sieben österreichische Soldaten ertranken im Wasser. Seit dieser Zeit wurde die Überfahrt aufgegeben.

Bemerkenswert ist bei dieser Kammer, in der zur Zeit die Instandsetzungsarbeiten durchgeführt werden, eine originelle Stützkonstruktion und der Kammerausbau.

JÓZEF PIŁSUDSKI

DIE KAMMER

Der "Schatzmeister" („Skarbnik") war der mächtigste unter den sagenhaften Geistern des Bergwerkes. Ein Herrscher über all seine Schätze, von denen er gnädig den Menschen schöpfen läßt, und der auch für Ordnung unter Tage sorgt.

Er kann einmal ein gerechter Richter sein, der Unredlichkeit und Faulheit bestraft oder auch vor Gefahr warnt und den Verlorenen den richtigen Weg zeigt, aber ein anderes Mal kann es auch vorkommen, daß er einem üble Streiche spielt. "Er" tritt in jeder bergmännischen Sage und in jedem Aberglauben auf und ist ein absoluter Herrscher unter Tage.

Dieser unterirdische Geist, ein Greis mit grauem Bart, vermeidet eher die Menschen. Er läßt aber von sich in ganz unerwarteten Momenten hören. Weh dem, der ihn mißachtet. Kein Wunder, daß er sich einer gebührtigen Achtung erfreut.

Die in Salz gehauene Komposition, die 1968 von Aleksander Batko, Mieczysław Kluzek und Piotr Cholewa vollendet wurde, stellt eine Begegnung des "Schatzmeisters" mit den Bergleuten dar.

SCHATZMEISTERS

Angerichtet 1959-1966 in einem ausgebeuteten
Abbauraum. Zuerst diente sie den Touristen als
ein Ort für einen kurzen Rast nach ermüdender
Wanderung. Bis vor kurzem befand sich hier die
einzige Posttelle in der Welt, wo ein
Gelegenheitssempel auf die Postkarten
aufgedrückt werden konnte. Den Besuchern
stand auch ein Imbißraum und ein Stand mit
Andenken zur Verfügung.

DIE KAMMER

WISŁA

Sie entstand im 19. Jh. in einem Komplex von Erzsalzflözen, in der zentralen Schicht der Salzlagerstätte von Wieliczka. Die Kammer ist 54 m lang, 17 m breit und 9 m hoch. Sie dient als ein Konzert- oder Theatersaal, ein Ort, wo bergmännische Feste und Bälle veranstaltet werden. Es werden hier gelegentlich auch Sportveranstaltungen organisiert. Die die Kammer verzierenden Skulpturen stellen zwei Bergleute dar und wurden 1961 von Stefan Kozik gemeißelt.

WARSZAWA

Bis vor kurzem war es ein Ort, wo Bankette und feierliche Empfänge verfanstaltet wurden. Deshalb wurde auch dieser Abbauraum die Bankettkammer genannt. Sie ist völlig mit Kücheneinrichtungen ausgestattet.

1992 wurden hierher wegen eines gewaltigen Ausflusses von Wasser im Querstollen "Mina" die Kurgäste aus dem im Salzbergwerk seit dem Jahr 1952 tätigen Sanatorium, in dem sich unterirdische Inhalationsräume befinden, versetzt. Die Kammer "Haluszka" wird diese Funktion ersatzweise bis zu dem Moment erfüllen müssen, bis die Wasserbedrohung im Querstollen "Mina" aufgehoben ist. Erst dann werden die Kurgäste in die Sanatoriumskammern in der Sohle V zurückkehren können.

DIE KAMMER

HALUSZKA

Es ist die einzige Kammer auf der Besichtigungsroute, die in Schachtsalzgestein, dem Mittelteil der zentralen Falte der Salzlagerrstätte ausgehoben wurde. Sehr deutlich zeichnen sich hier die Falten des Schachtsalzes aus, und in dem Faltenkern sind große Kristalle vom grünen Schichtensalz zu sehen. Diese Kammer wurde in Übereinstimmung mit der nach Süden gerichteten Neigung der ganzen Lagerstätte gebildet, daher ist ihre Höhe so klein, die Ausdehnung so groß und die Firste schräg abfallend.

DIE KAMMER

IZABELA

ALFONS DŁUGOSZ

Die Sammlung dieses unterirdischen Museums umfaßt 13 Kammern, die 135 m tief, in der Sohle III der Salzgrube gelegen sind. Die Besichtigungsroute beträgt etwa 1,5 km und führt durch Strecken und Schächte, die im 19. und 20. Jh. in Klumpen- und Schichtnsalzlagerstätten ausgehöhlt wurden. Eine sehr interessante Ergänzung der Museumssammlung sind die Museumsstücke, die man in dem Bergkastell bewundern kann, wo seit 1992 die sowohl für die Stadt, als auch für das Salzbergwerk und für den polnischen Bergbau sehr verdiente wissenschaftliche Forschungsanstalt ihren neuen Sitz erhalten hat. Der Gründer des Museums war ein Lehrer der Oberschulen von Wieliczka, Maler und Fotograf, Professor Alfons Długosz. In seinem Erinnerungen können wir folgendes lesen: "Die Anfänge des Museums der Krakauer Saline gehen in das Jahr 1950 zurück. Es war eine Periode des Niederganges und der Zerstörung des historischen Teils der Saline und deren herrlichen touristischen Route, die durch unterirdische Höhlen des sich seit Jahrhunderten ihres Ruhmes erfreuenden Salzbergwerkes führte. (...) Von den alten Kumpeln habe ich gehört, daß sich in den uralten Abbauhohlräumen verschiedene Gegenstände und merkwürdige Einrichtungen, die mit der Arbeit ehemaliger Bergleute der Saline zu Wieliczka zusammenhingen, erhalten haben. Ich habe also beschlossen, an sie zu gelangen und jene Relikte der Bergkunst auszugraben, um mit deren Hilfe die unterirdische touristische Strecke lebendiger zu machen..." Die von den Bergleuten benutzten Einrichtungen und Werkzeuge wurden der Öffentlichkeit zugänglich gemacht. Mit der Zeit wurde die Ausstellung immer größer, so daß sie im Jahre 1961 den Status eines selbstständigen Museums erlangte das dem Ministerium für Kultur und Kunst indirekt unterlag. Profesor Alfons Długosz war der erste Kustos und Direktor des Museums.

Vom Anfang an hat man sich dort nicht nur mit dem Sammeln von Dokumenten aus der reichen Geschichte der Saline in Wieliczka sondern auch mit archäologischen, historischen, geologischen und nicht zuletzt auch ethnographischen Forschungen befaßt. Die Ausbeute dieser Forschungsarbeit sind unter anderem "Studien und Materialien zur Geschichte der Salinen in Polen", wissenschaftliche Hefte, die von dem Museum selbst herausgegeben werden und einen sehr umfangreichen Bestand von Informationen zu unterschiedlichen Aspekten polnischen Salzbergbaus beinhalten, sowie zahlreiche wissenschaftliche Monographien. Ein Beispiel für die Aktivitäten der Mitarbeiter des Museums sind mehrmals veröffentlichte Führer durch das Museum — die Publikationen, mit denen all diejenigen, die das Salzbergwerk besucht haben, vertraut sind, und dank denen diese wertvolle Saline den Besuchern, die bislang mit dem Bergbau und der Geologie nichts zu tun gehabt haben, ihre Geheimnise enthüllt. Die heutige Gestaltung der Museumssammlung ist eine Fortsetzung des Werkes, das Professor Alfons Długosz begonnen hat. In den Kammern kann man auch den von ihm gemalten Gemälden begegnen, auf denen veranschaulicht wird, wie die Arbeit der Bergleute in der Saline vor mehreren Jahrhunderten aussah, welchen Werkzeugen man sich damals bediente und schließlich, wie die riesengroßen Holzmaschinen benutzt wurden.

In dieser Kammer kann der Besucher die Entwicklung des Bergbaus in Wieliczka innerhalb von 7 Jahrhunderten erforschen. Man findet hier die karthographischen Denkmäler, den Plan von Marcin German, Kupferstiche von Wielhelm Hondius, die ältesten österreichischen Karten des Salzbergwerkes. Neben ihnen befindet sich hier auch eine Sammlung königlicher Urkunden, versehen mit originalen Siegeln — ein Zeugnis vieljähriger Tradition der Salzgewinnung an dieser Stelle seit ältesten Zeiten. Es werden die Insignien der bergmännischen Vollzugsgewalt, Paradewaffen und verzierte Äxte der Bergmeister (genannt "barty"), Steigerstäbe oder Säbel, die von den Salinebeamten zu den Galakleidern getragen wurden, ausgestellt.

In dieser Kammer nimmt auch das unschätzbare Denkmal polnischer Goldschmiedekunst aus der Renaissance, das Horn der Knappschaft der Hauer aus dem Jahre 1534 eine besonderes hervorgehobene Stellung ein.

RUSSEGGER IV

Am Anfang des 18. Jh, begann man bei den Förderarbeiten die verbesserten Pferdegöpel einzusetzen, die sächsische Göpel genannt wurden. Mit deren Hilfe konnte man Gewichte bis 2000 kg aufheben. Sie wurden von vier Pferden betätigt, die an die Ärme einer senkrecht angebrachten Welle mit einer Seiltrommel gespannt waren. Die Anlage war mit einer Zangenbremse versehen, die über ein System von Getrieben betätigt wurde. Der Göpel war verbunden mit einem sog. "kunszt", einer Einrichtung, die aus zwei Spulen bestand und zur Änderung des Seilenverlaufes von vertikaler zur horizontaler Richtung diente.

Zum Transport von Fördergut benutzte man auch Schachtkästen sowie Förderwagen, die auf speziellen, aus Holz angefertigten Schienen rollten.

RUSSEGGER III

Eine der ernsthaften Gefahren, die bei dem Salzabbau auftraten, war das in die Abbauräume eindringende "wilde" Wasser, das manchmal die ganzen Strecken oder Kammern überschwemmte. Man bemühte sich, dieses Wasser unter Kontrolle zu bringen, indem man ein System von Röhren, Rinnen und Becken ("rzapie") aufbaute oder es in den sog. "bulgi", aus Rindleder genähte Säcke oder aber hölzerne Eimern, zu der Erdoberfläche ableitete. Zum Schöpfen des Salzwassers (Sole) bediente man sich auch Zobern oder Kannen, und zur Wasserableitung in größere Entfernungen wurden spezielle Schöpferräder und Pendelpumpen angewandt.

RUSSEGGER II

Eine der ältesten Fördermaschinen war ein Haspel, mit dessen Hilfe man das Fördergut, die Sole und verschiedene Materialien aus nicht allzu großen Tiefen nach oben transpotierte. Vom Anfang an war die Wetterung eines der wesentlichsten Probleme im Salzbergwerk. Im 18. Jh. wurden die Kastenbalglüfter angewandt. Später noch wurde das Grubenwetter durch ein System von Lutten („lutnie") zugeführt, in die die Luft mit Pumpen eingepreßt wurde. Bemerkenswert sind hier auch verschiedene Holzgefäße — Löschgeräte, die im 18. und 19. Jh. verwendet wurden.

Über beinahe 500 Jahre waren die Funseln die meist von den Bergleuten gebrauchten Beleuchtungsgeräte. Ursprünglich wurde das Tierfett, der Talg, als Brennstoff benutzt. Erst am Anfang des 19. Jh. kamen die Öllampe zum Vorschein. Die Gestalt und die Konstruktion beider Typen waren ähnlich. Nur unterschieden sich die Öllampen von den erstgenannten dadurch, daß sie einen Deckel hatten, der den Behälter mit Brennstoff verschloß; manche Funseln wurden aus Messing oder Kupfer ausgefertigt.

Erst am Ende des 19. Jh. gehörten zu der Ausstattung eines Bergmanns Karbidlampen, die später noch durch elektrische Lampen ersetzt wurden.

Am Eingang in diese Strecke wurden Skulpturen aufgestellt, die vom Ende des 19. Jh. stammen und die hl. Barbara, die Schutzheilige der Bergleute, sowie die selige Kinga, die Beschützerin des Salzbergwerkes zu Wieliczka, darstellen.

Die ausgestellten Einrichtungen und Geräte dienten zum horizontalen Transport. Die Schlittenkufen („szlafy") wurden bis Ende des 18. Jh. verwendet. Zuerst wurden sie mit Hand bedient, erst im 17. Jh. wurden die Menschen durch Pferde ersetzt.

Die Förderwagen, genannt "ungarische Hunde", benutzte man in den Jahren 1785-1860. Für den Transport mit diesen Wagen waren aus Holz gemachte Schienen notwondig.

Schienenwagen mit unterschiedlichen Wagenkästen erschienen im Salzbergwerk zum erstenmal im Jahre 1860, als man begonnen hatte, eiserne Schienen aufzulegen.

SZERZYZNA

MARIA TERESA

Bereits im 15. Jh. war die Saline ein durch die Persönlichkeiten, die auf dem Königshof in Krakau zu Gaste waren, gern besuchter Ort. Manche von ihnen, u.a. Joachim Wadian, erwähnten sie des öfteren in ihren Reiseberichten.

1774 stiftete die österreichische Verwaltung der Salzgrube die sog. "Besucherbücher". Sie bilden eine höchst interessante Informationsquelle, eine Art "Anwesenheitsliste" von Herrschern, Staatmännern, Künstlern oder Gelehrten, die unter Tage gewesen sind. Allmählich wurde die Gewohnheit, das Salzbergwerk in Wieliczka bei Gelegenheit des Aufenthaltes in Krakau zu besichtigen, zu einer Art Pflicht.

Für einen dieser Gäste, den ötserreichischen Kaiser Franz Joseph, dem man die Besichtigung des Salzbergwerks im Jahre 1860 erleichtern wollte, wurde speciell eine Pferdebahn gebaut.

MIEJSKA

Anhand der in dieser Kammer angesammelten archäologischen Funde und historischen Dokumente kann man die Entwicklung der Stadt Wieliczka seit prähistorischen Zeiten bis zur Gegenwart erforschen. Außer den Urkunden und königlichen Privilegien werden hier Erzeugnisse des Handwerkskunst und Stadtpläne ausgestellt.

In der zentralen Stelle der Kammer ist eine Maquette von Wieliczka, die wahrheitsgetreu nach den Plänen von Marcin German aus den Jahren 1631-1638 sowie einem Entwurf von Prof. Alfons Długosz ausgefertigt wurde, aufgestellt. Sie ist durch eine ungewöhnliche Sorge um architektonisch-städtebauliche Details gekennzeichnet und veranschaulicht die Verbindung der Stadtbebauung mit den Produktionseinrichtungen der Saline und der Siederei.

MARIA TERESA IV

Das durch Pferde betriebene Kreuz ist ein Prototyp von späteren Göpeln. Es wurde bei den Förderarbeiten am Anfang des 17. Jh. auf Antrag eines königlichen Ausschusses eingesetzt. Das Kreuz setzte sich aus einer vertikalen Welle und einer Seiltrommel sowie aus vier Ärmen und einer Bremsvorrichtung zusammen. Die Anlage wurde durch ein Viergespann gezogen. Die Arbeitsweise dieser Einrichtung wird auf einem Gemälde von Alfons Długosz veranschaulicht.

Geologische Exemplare, die in dieser Kammer ausgestellt werden, stammen aus Wieliczka, Bochnia und aus Salzlagerstätten in Nord-Polen. Die Salzlagerstätte in Süd-Ost-Polen entstanden im Miozän vor etwa 20-25 Millionen Jahren. Die Ausstellung erlaubt, die Entstehung der Lagerstätte von Wieliczka genau zu erforschen: von einem oberen Steinblockflöz mit lamellenartigem, großkörnigem Grünsalz (Mosaiksalz) und mergeligem Tonstein bis zum unteren Schichtflöz mit verschiedenen Abarten von Erzalz, Schurfalz und Schichtengrünsalz sowie Ton-, Anhydrit- und Sandgestein. Die Ausstellung wird durch Beispiele zeitgenössischer Salzkristallformen verziert — schwammige Tropfsteine, die umgangssprachlich "Kohlrüben" genannt werden oder ungewöhnliche, aus der Sole entstandene Kristallgebilde, die in der aus dem 19. Jh. stammenden Kammer "Ferro" auftreten.

DIE KAMMER

MARIA TERESA III

Seit der 1. Hälfte des 17. Jh. begann man in dem Salzbergwerk die Pferdegöpel mit einer horizontal angebrachten Seilwelle anzuwenden. Eine dieser Einrichtungen wurde vermutlich über dem "Daniłowicz" — Schacht montirt. Der Göpel wurde durch vier Pferdepaare betrieben, und seine maximale Leistung betrug 2000 kg. Er bestand aus einem vertikal befestigten Kreuz mit verstärkten Ärmen, auf deren Ende ein riesiges Zahnrad aufgesetzt war, sowie aus einer horizontal montierten Seiltrommel. Beide Bestandteile dieser Anlage waren mit einem Sprossenrad zusammengefügt. Der Göpel war außerdem mit einer Einbacken-Bremvorrichtung ausgestattet.

Das ausgestellte Exemplar ist eine Rekonstruktion, die anhand der technischen Zeichnungen aus dem Jahre 1822 ausgefertigt wurde.

MODENA

In dieser Kammer kann man einen "ungarischen" Göpel betrachten. Diese durch vier Pferdepaare betriebene Einrichtung war in dem Salzbergwerk Wieliczka allgemein verwendet. Die Drehgeschwindigkeit wurde mit einer Bremsvorrichtung reguliert. Der Göpel arbeitete mit einer über der Schachtöffnung aufgebauten Konstruktion, in der zwei Seilspulen befestigt waren („Kunszt"), zusammen.

Außer dem obengenammten Göpel werden hier auch Wellen und Bremsräder vorgestellt, die mit einem darunter aufgehängeten Gewicht in Bewegung gesetzt wurden. Die einfache Konstruktion dieser Einrichtungen war die Ursache dafür, daß Maschinen in einer beinahe identischer Ausführung noch in den 30er Jahren des 20. Jh. angewandt waren.

Diese Kammer wurde mit Hand in Grünsalzgestein seit den 20er Jahren des 19. Jh. innerhalb von fast 50 Jahren ausgebeutet. An verschiedenen Stellen kann man die charakterischen Spuren des Abbaus durch die Hauer, die sog. „kłapcie" und „ławy" (Bänke), betrachten. Die strenge Schönheit dieser Kammer kann man verfolgen, indem man die 162 Treppen zwischen der Sohle II und III hochsteigt.

SAURAU

Unten in der Kammer, in einem kleinen Schacht, durch den das Fördergut abtransportiert wurde, begegnet man den sog. "Gehängten". Diese etwas merkwürdige Bezeichnung bezog sich auf die hinunterfahrenden Bergleute, die an einen dicken Seil angehängt waren. Bemerkenswert ist die Tatsache, daß sich eine solche Art der Personenfahrung unter die Erde noch bis zu der Hälfte des 19. Jh. erhalten hat.

SAURAU

Von der Außergewöhnlichkeit geologischer Prozesse, die in der Lagerstätte von Wieliczka vorgekommen waren, zeugen Salzkristalle, die man in den Rissen und Hohlräumen der berühmten Kristallgrotten findet. Sie sind ein Beispiel für eine sekundäre Mineralisierung der Lagerstätte. Sie zeichnen sich durch eine überraschend hohe Reinheit und eine selten vorkommende Größe aus — die Randausmaße mancher Kristalle erreichen sogar 50 cm.

Der ganze Komplex der Kristallgrotten wurde in der 2. Hälfte des 19. Jh. entdeckt, und dank der Schönheit der dort auftretenden Salzkristalle sind sie nicht nur unter den Geologen, MIneralogen oder Kristallographen berühmt geworden. Zur Zeit werden Arbeiten geführt, nach deren Beendigung ein unterirdischer Naturschutzgebiet, ''Die Kristallgrotten in Wieliczka'', gebildet werden soll. Es soll eine touristische Route ausgesteckt werden, damit auch die Touristen die dort verborgenen Sehenswürdigkeiten betrachten können.

DIE

KRISTALLGROTTEN

Die Ungewöhnlichkeit riesengroßer Einkristalle, denen man in den Kristalgrotten begegnen kann, ist auf den ersten Blick erkennbar. Aber ihre außerordentliche Gestalt wird in dem Moment einer Fotoaufnahme in dem Laserstrahl sichtbar. Die vollkommene Schönheit dieser Mineralsücken fängt plötzlich an, mit einer Vielfalt von bezaubernden Farben zu schillern.

DIE KRISTALLE

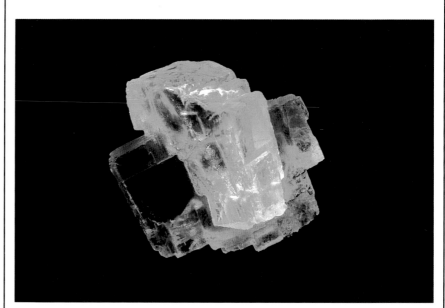

DIE

GRUBENSCHÄTZE

Die Vielfalt und das Reichtum der Formen und Felsengebilde wurden auf den Fotografien dargestellt:

4

1  2

1. Eingeweide-Anhydrit, durchbrochen auf eine natürliche Weise,
2. Eingeweide-Anhydrit, geschleift (im unteren Teil ist ein charakteristisches Eingeweidegeflecht zu sehen, von dem diese originelle Benennung herkommt)
3. Salzkristall (Halit) in einer zonaler Umhüllung, die sich aus Flächen zusammensetzt, längs denen sich zahlreiche, sehr kleine Teilchen von Gas und Sole angehäuft hatten,
4. Ein Stalagmit, genannt Tannenabum, weil er durch fiederartig angewachsene Salzkristallteile gebildet wurde,
5. Einkristall (Halit) in einer zonaler Umhüllung mit einem auf eine charakteristische Weise herausgebildeten dunkeln Kreuz,
6. Ein Klumpen von Alabastergips.

3

5 6

Man kann auch durch eine ungewöhnliche Form der sich gegenwärtig bildenden Tropfsteine überrascht werden. Denjenigen, die auf den Fotos dargestellt werden, begegnet man in dem höher gelegenen Teil der Sohle II.

In den Salzstücken wohnt eine verzauberte Schönheit inne. Sie in die Tageslicht zu bringen gehört seit Jahrhunderten zu der Tradition der Bergleute, was aber besonderer Kenntnisse und eines Feingefühls bedarf. Ein Salzstück ist für einen Bildhauer eine delikate Materie, voller Rätsel, Überraschungen und Geheimnisse. Dabei hängt vieles von dem Herausfinden und Herausholen eines entsprechenden Salzstückes ab. Und dann?.. Dann liegt alles in den Händen eines Künstlers, mit denen er spüren muß, ob die Gewalt, mit der er in die Struktur dieses Stoffes eindringen möchte, diesen nicht für immer zerstören würde.

Die seit Jahrhunderten gepflegten Traditionen der Bergleute-Bildhauer werden heutzutage von Stanisław Anioł und Józef Kowalczyk erfolgreich fortgesetzt.

SALZPLASTIKEN

EIN

GEWÖHNLICHER

ARBEITSTAG

Satz: Zakład Składu Tekstów *KRAKSET*
— Kraków, ul. Halicka 9
Druck: MILANOSTAMPA, Italy

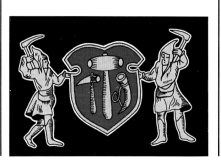